DISCOURS

SUR

L'EXISTENCE ET L'UTILITÉ

D'UNE RELIGION CIVILE EN FRANCE,

Prononcé à la tribune du Conseil des Cinq-Cents, dans la séance du 9 Fructidor an 5,

Par J. B. LECLERC (de Maine et Loire).

A PARIS,

CHEZ H. J. JANSEN, IMPRIMEUR - LIBRAIRE,
RUE DES SAINTS-PÈRES, No. 1195, F. S. G.

AN 5me.

DIALOGUE

RÉLIMINAIRE.

— POURQUOI n'avez-vous pas répondu à Beranger?

— Parce que tout ce qu'il a dit est étranger à mon discours, et prouve seulement qu'il ne m'a pas entendu.

— Je le crois comme vous ; mais c'est votre faute.

— Peut-être.

— Il y a si peu *de liaison dans vos idées et d'ordre dans vos propositions*, qu'il n'a pu vous suivre.

— Pourquoi donc s'est-il chargé de me réfuter?

— C'est qu'au milieu de cette obscurité il s'est apperçu que vous protégiez le culte des théophilantropes.

— Je vous jure que je n'y ai pas plus songé qu'à l'islamisme.

— Cependant il y a quelques rapports entre la théophilantropie et votre *religion civile*.

— Tant mieux pour la théophilantropie.

— Tant pis pour votre discours.

— Pourquoi?

— Fi ! une association où , *sous prétexte de culte* , *on ne s'occupe que de politique* !

— Je ne crois pas un mot de cela.

— Avez-vous assisté à quelques-unes de leurs cérémonies ?

— Jamais.

— Eh bien ! je vous soutiens que les théophilantropes sont des *jacobins*.

— Des *jacobins* dirigés par Dupont de Nemours et Goupil-Plefeln ! c'est se moquer des gens.

— Vous aurez beau dire ; ce sont des jacobins. Nous le répéterons si souvent, qu'il faudra bien qu'on finisse par nous croire.

— En ce cas , n'en parlons plus. Souvenez vous seulement que ma motion n'avoit point les théophilantropes pour objet ; que leur existence n'a point influé sur elle ; que je l'ai faite parce qu'elle m'a paru philosophique; que je la ferois encore malgré son peu de succès, et que je ne me tiens pas pour battu.

— Un auteur tombé accuse la cabale, et vous l'esprit de parti, sans doute ?

— Un auteur tombé n'a que son amour propre à venger, et moi l'intérêt de la patrie à soutenir.

— L'intérêt de la patrie ! vous n'y entendez rien. *Il est dans l'intérêt personnel*, et Beranger vous fort bien dit que c'est *l'unique ressort qu'il faille employer pour gouverner les nations.*

— Ce principe n'est ni vrai ni républicain. Les miens renferment une morale plus consolante et seroient, je crois, plus éficaces.

— Vous voulez faire de nous *un peuple contemplatif.*

— Lisez et jugez.

— C'est-à-dire que vous comptez pour rien toutes les objections de Beranger?

— Il n'y en a pas une seule qui ait rapport à ma proposition.

— Et celle de Dumolard?

— C'est encore pis.

— Cependant il vous a bien saisi. Vous avez beau dire. Votre motion ne tendoit *à rien moins qu'à faire consacrer et adopter comme religion de l'état le culte théophilantropique.*

— Encore les théophilantropes!

— Et c'est un culte *jacobite.*

— Ah! de grace...

— Et vous êtes un *jacobin.*

— De grace lisez et jugez-moi.

— Un *terroriste.*

— On ne m'effraie point par des dénominations banales et que je ne mérite pas.

— Vous êtes tout au moins un fou.

— Il y a folie et folie. La mienne ne seroit-elle pas d'avoir trop compté sur un examen réfléchi de principes sages et philosophiques?

— Vous *déshonorez la fin du dix-huitième siècle.*

— D'autres que moi y travaillent avec bien plus d'ardeur et de succès.

— Une preuve que vos propositions sont détestables, c'est que Lehardi n'a pu les soutenir même en les étayant de l'autorité de J. J. Rousseau.

— Cela n'est pas étonnant. Quelques jours auparavant les principes de Montesquieu avoient reçu le même accueil dans la bouche de Boulay de la Meurthe. Une autre fois j'irai puiser les miens dans *Necker* ou *Montlauzier.*

— Pitoyable plaisanterie ! mais il faut la pardonner à votre dépit.

— En vérité, je suis plus de sang-froid que vous.

— En ce cas, vous êtes un homme abominable. Proposer de sang-froid des mesures qui ralumeroient parmi nous le flambeau de la guerre civile !

— Se peut-il qu'après une si longue expérience de l'abus qu'on peut faire de la tribune, vous soyez encore dupe de pareilles déclamations ! De bonne foi, est-ce la l'idée que vous a fait naître mon discours lorsque je l'ai prononcé?

— Non, je l'avoue; mais Dumolard l'a dit.

(7)

— Eh ! que ne dit-il pas !

— Il a dit aussi que vous voulez transformer le Conseil *en une assemblée de théologiens.*

— Il ne tenoit pas le même langage lorsque ; dans la discussion sur les cloches , on nous assailloit de discours sur l'excellence de la *religion de nos pères.*

— C'est qu'en effet la *religion de nos pères* est tout ce qu'il y a de bon , et je vais vous le prouver.

— Prenez-y garde. Vous m'accusez de jeter le Conseil dans des disputes théologiques et vous allez.....

— C'est-à-dire que nous devons entendre vos homélies théophilantropiques sans que.....

— Encore une fois , qui vous parle de cela ?

— Vous n'en parlez pas ouvertement ; mais ils ont bien vu votre dessein.

— Voilà mon manuscrit , lisez-le et jugez en vous-même.

— Je ne le lirai point.

— Et vous continuerez à blâmer mes propositions ?

— N'en doutez pas.

— En ce cas je vais publier mon discours.

— Personne ne lira.

— Peut-être.

— Soyez-en sûr.

— Il me vient une idée.

— Qu'est-ce?

— D'y joindre un extrait du *Moniteur*, afin qu'on pèse les objections de Beranger et de Dumolard. Qu'en pensez-vous?

— Quoi? sérieusement, vous êtes déterminé.....

— Très-sérieusement.

— Voyons votre manuscrit.

— Le voici.

DISCOURS

SUR

L'EXISTENCE ET L'UTILITÉ

D'UNE RELIGION CIVILE EN FRANCE.

CITOYENS REPRÉSENTANS,

THIBAUDEAU vous a parlé, dans son dernier rapport, de la nécessité d'arrêter enfin la rédaction de la déclaration que vous exigerez des ministres des cultes. Je dois, avant que ce travail soit mis à la discussion, vous offrir des idées qui s'y lient étroitement, qui, dans mon opinion, demandent un résultat, sinon commun, au moins simultané, et qui nécessiteront un arrêté du Conseil.

En quelques termes que soit conçue la déclaration particulière que vous exigerez des ministres des cultes, cette garantie n'est pas la seule que vous devez à la République. Il en est une également pressante prise dans la nature des choses, indépendante de la volonté d'une classe d'individus, et sans laquelle toutes les mesures que vous prendrez deviendront illusoires.

Cette nouvelle garantie est fondée sur les rapports qui existent entre tous les cultes et les institutions civiles : c'est de leur accord et de leur équilibre que dépendent la paix intérieure, la morale publique, la stabilité de la Constitution ; et je pense que cet objet doit marcher de front avec une loi sur la police des cultes.

J'établirai quelques principes ; je montrerai l'importance de l'objet que je me propose, et je ferai voir que c'est compromettre un des plus sûrs moyens de consolider la liberté que de différer d'en faire usage.

Les institutions civiles saisissent l'homme dans ses rapports avec la société.

Ces rapports établis dès la naissance, consolidés par l'instruction publique, rendus plus intimes par le mariage, et entretenus durant le cours de la vie par les fêtes nationales, existent encore à la mort de chaque citoyen.

Jusqu'à présent, il ne paroît pas y avoir difficulté sur les premières époques. La dernière seule est, en grande partie, disputée au civil. Jetons un coup - d'œil à cet égard sur les prétentions des cultes, et voyons si les sépultures n'entrent pas comme partie intégrante dans la garantie que je propose.

Je traiterai rapidement cette question , et seulement dans sa partie morale et politique.

Le respect des aïeux , la mémoire des parens et des amis, la vénération que commande le souvenir de ceux qui se sont illustrés par des actions chères à la patrie, sont des sentimens trop utiles à la morale publique pour que le Législateur les abandonne exclusivement au hasard des divers principes religieux. Ces sentimens forment, avec le dogme de l'existence de Dieu , adopté par le peuple françois dans le préambule de sa déclaration des droits, une sorte de religion civile qui lie tous les cultes entre eux par une communion fondamentale. Elle établit une chaîne de sociabilité dont les deux extrêmités se joignent dans la main du Gouvernement, et entretiennent l'unité sur laquelle reposent la durée et la paix intérieure de l'Etat. Rompez cette unité , montrez aux citoyens qu'ils n'ont entre eux que des rapports terrestres et passagers ; présentez-leur continuellement devant les yeux l'image d'une séparation éternelle , vous augmentez sensiblement la ten-

dance que les sectes ont naturellement à s'iso-
ler les unes des autres ; vous semez des ger-
mes d'intolérance ; vous jetez les premiers
fondemens du mur d'airain qui s'élevera dans
la suite entre tel ou tel culte. Toutes les affections se concentrent dans quelques cotte-
ries, au lieu de vivifier l'universalité des citoyens. Au lieu d'une grande famille, vous
en avez plusieurs jalouses les unes des autres, et vous êtes obligé de consacrer à les
maintenir en paix tout le tems que vous au-
riez pu donner à la prospérité publique.

Cette appréhension déja raisonnable chez
un peuple qui commenceroit son pacte so-
cial, combien ne l'est-elle pas davantage dans
un pays où les plaies occasionnées par une
longue suite de dissentions religieuses ne sont
pas encore cicatrisées ?

Citoyens Rep résentans, heureux le Législateur qui peut trouver dans ses loix une di-
gue à opposer aux querelles de religion, et
fonder l'union publique sur les objets même
qui servoient autrefois de prétextes aux di-
visions ! Restes des héros de toutes les sectes
qu'il me seroit doux de reconnoître votre place dans le dernier asyle des citoyens, et de
vous offrir un hommage religieux en présence et comme du consentement des mânes de

mes parens et de mes amis de toutes les croyances ! Qu'il me seroit doux de retrouver dans un local spacieux, commode, bien ordonné, la tombe d'un ami que des opinions différentes n'éloi gnèrent point de moi ! Quelle est consolante cette pensée que la même enceinte recevra mes dépouilles, et que la main de l'intolérance ne déchirera point la mémoire de deux êtres dont les ames se confondirent ensemble dans l'amour de la vertu !...

Et que faut-il, Citoyens Législateurs, pour arriver à cet état de choses si désirable ? Consacrer un principe que je n'ai fait encore qu'indiquer et sur lequel je me plais à revenir, parce qu'il est l'inaltérable base de la morale publique, que nous avons une religion civile, ayant son dogme, ses pratiques et ses prêtres. Son dogme, c'est, comme je l'ai déja dit, l'existence de Dieu, reconnue par la déclaration des droits ; ses pratiques seront les institutions lorsque vous les aurez ordonnées d'une manière digne de leur objet ; ses prêtres enfin sont les officiers civils. La réunion de tous ces objets forme une religion mère, si je puis m'exprimer ainsi, de laquelle derivent toutes les autres religions ; et je m'étonne qu'on ait si long-tems négligé ce principe conciliateur, cette belle et vaste

pensée dont l'application établit l'unité sociale jusque dans les consciences qu'on croi-
roit les plus opposées ; cette tolérance pratique, ce principe sacré, ce problême politique dont la solution a tant conté d'efforts
et qui se réduit à ces termes simples : Une
religion fondamentale unique, ayant pour les
grandes époques de la vie des pratiques uni-
verselles, qui sans être en opposition avec les
pratiques journalières de toutes les croyances, garantissent l'état contre l'usurpation des
sectes !

Mais pour que cette garantie soit efficace,
il faut que le Législateur donne aux institutions civiles toute l'attention qu'elles méri-
tent, et c'est ce que nous n'avons pas encore
fait. Je ne sais par quelle fatalité tous les res-
sorts qui donneroient une direction salutaire
à nos affections ont été détendus comme à
dessein. On a perverti l'opinion publique de
telle sorte que les innovations les plus incon-
testablement utiles ont été reçues avec froi-
deur, pour ne pas dire rejettées avec mépris. L'instruction publique, semblable à la
toile de Pénélope, est défaite à mesure que
le tissu paroît s'avancer. Au lieu de cette
pompe morale et religieuse qui devroit ho-
norer la naissance des citoyens, l'union sa-

crée des deux sexes et l'éternelle séparation des pères, des enfans, des amis : ces actes sont encore abandonnés au vide de quelques formalités ridicules. Des loix révolutionnaires, d'un intérêt moins général peut-être sont rapportées tous les jours, et ces objets les plus urgens et les plus importans restent dans l'oubli ! Les fêtes nationales elles-mêmes, qui sont, avec les autres institutions civiles, le lien le plus propre à resserrer les nœuds de la grande famille, sont frappées d'une sorte de proscription !

L'instruction publique ? Ne nous a-t-on pas proposé d'une manière indirecte de la confier exclusivement à la secte catholique ? ne nous a-t-on pas donné à entendre que sans cela c'en étoit fait de la morale ? ne nous a-t-on pas parlé d'un prétendu systême de philosophisme et d'abnégation de toute idée religieuse, comme si les faits ne démentoient pas cette singulière imputation.

Quelques réflexions à cet égard ne sont pas étrangères au sujet que je traite.

Certes ! il ne m'en coutera pas d'être aussi l'apologiste des idées religieuses et de la morale qui doit en découler. J'ai peut-être gémi, plus qu'aucun autre, sur la dépravation

dans laquelle on a précipité le peuple françois en lui faisant méconnoître ses rapports
avec l'Etre - Suprême , et , grâce au ciel , je
n'ai point à me reprocher d'avoir partagé la
démence de ceux qui s'imaginèrent qu'une
grande nation peut arriver , par la philosophie, aux bons résultats que produisent les
institutions religieuses. Un peuple de philosophes est le plus absurde de tous les romans,
je le sais : mais qu'entend-on par les idées religieuses qui doivent servir de base à l'instruction publique en France? de quelle religion a-t-on fait choix pour que les fonctionnaires publics chargés de former l'esprit et
le cœur des enfans en inculquent la morale
dans leurs jeunes ames? et le choix de cette
religion , fut-il le meilleur du monde , comment l'accordera-t-on avec la loi fondamentale qui veut le libre exercice de tous les
cultes , et que nul individu dans l'état *ne
puisse être forcé de contribuer aux dépenses
d'aucun*?

Le paiement de maîtres obligés de former
des sectateurs à telle ou telle religion seroit-
il donc considéré comme une dépense étran-
gère à cette religion ? et croira-t-on pouvoir
m'obliger à payer ma part d'une instruction
dont j'éloignerai mes enfans si je professe

un

un culte qui diffère de celui qui fera la base de l'enseignement public ?

C'est un grand vice, disoit un orateur, pour justifier une digression à laquelle il s'étoit abandonné la veille : « C'est un grand « vice que d'établir l'instruction publique à « la charge du Gouvernement ; les pères et « mères ne veulent point envoyer leurs en- « fans aux écoles où l'on ne parle pas d'opi- « nions religieuses. A tort on m'a reproché « d'avoir parlé du pape, je n'en ai rien dit : « mais si les parens n'envoient pas leurs en- « fans aux écoles elles ne se soutiendront « pas. »

Je ne vois que deux conséquences à tirer de ce passage : rayer dès à présent l'instruc-tion publique du pacte constitutionnel, ou livrer nos enfans à l'influence d'un culte qui seroit adopté de fait par le Gouverne-ment.

Il n'est qu'un moyen de sortir de ce dé-filé : c'est de convenir qu'il existe une mo-rale universelle, commune à toutes les reli-gions et dont le principe se trouve dans nos loix fondamentales, et alors il faut avouer qu'on s'est livré à des déclamations oiseuses, dont l'effet devoit être de discréditer de plus en plus les loix républicaines.

B

Non, la morale n'est point incompatible avec l'instruction publique, puisqu'elle découle naturellement de la religion civile dont j'ai démontré l'existence. Elle en découle pure, sociale, universelle accommodée à toutes les croyances; elle est le point de contact de tous les citoyens et l'encens le plus pur qu'on puisse offrir à la Divinité puisqu'il est l'effusion d'un sentiment unanime. Citoyens Législateurs, ordonnez que des livres élémentaires seront faits sur ce principe, et bientôt vous serez convaincus que l'instruction publique se concilie d'autant plus avec la morale et le libre exercice des cultes, que, sans exclure les idées religieuses, elle les employera au contraire, non pas ainsi que le font les sectes, comme un moyen de haine et de persécution, mais comme un principe de sociabilité et de tolérance.

Les mêmes raisonnemens s'appliquent aux institutions civiles qui regardent la naissance, le mariage et la mort, et même aux fêtes nationales. Les idées de la Divinité ne sont étrangères à aucun de ces actes.

C'est en présence de l'Eternel que vous avez déclaré vos droits et rédigé votre Constitution; c'est en présence de l'Eternel qu'elle a été acceptée; c'est en présence de l'Eternel que l'é-

at accueille les enfans des citoyens , et rap-
pelle à leurs parens qu'ils sont nés pour la
pratique des vertus sociales ; c'est en présence
de l'Eternel que les époux se lient dans les
nœuds sacrés du mariage ; c'est en présence
de l'Eternel que la patrie rend les derniers
honneurs à ceux qui ont vécu sous ses loix ;
c'est en présence de l'Eternel , enfin , que les
citoyens se réunissent pour célébrer par des
jeux innocens les grandes époques de leur
histoire et qu'ils vont puiser ou réchauffer
dans les fêtes nationales le patriotisme qui
enfante les actions héroïques.

Donnez donc à toutes ces institutions une
pompe et un but moral digne de leur objet
et vous aurez, sinon anéanti, au moins considérablement diminué les craintes de ceux
qui redoutent dans le catholicisme une religion dominante par le fait. Il faut le dire,
ces craintes sont légitimes, et vous ne pouvez
refuser à ceux qui en sont atteints toutes les
garanties préalables qui sont en votre pouvoir. Celles que je demande n'exigent, pour
ainsi dire, qu'un mot de votre part : toutes
les idées sur l'instruction publique ont été
suffisamment digérées ; extraire ce qu'il y a
de bon et d'applicable à nôtre Constitution
dans les différens travaux qui ont été faits à

ce sujet, le lier par des idées intermédiaires
et en former un tout convenable et perma-
nent, ne me paroît pas une tâche bien longue ; mais si l'on croit que la perfection de
ce travail exige encore des méditations , au
moins conviendra-t-on qu'on en peut extraire
dès à présent la partie morale , et c'est tout
ce que je demande. Les institutions civiles
présentent encore moins de difficultés puisqu'il ne s'agit que d'arrêter quelques bases
principales , l'exécution regardant le Pouvoir
Exécutif.

Qu'on ne me soupçonne donc pas de pré-
senter ici des moyens dilatoires ; ils ne sont
que conservateurs des institutions civiles. Il
est évident à mes yeux que si les prêtres ne
trouvent pas ces dernières solidement éta-
blies à leur rentrée légale dans l'exercice du
culte , ils profiteront de ce défaut d'équilibre
pour les attirer à eux et les attacher insensi-
blement à leur ministère. Laissez-leur à cet
égard le moindre avantage ; quelques efforts
que vous fassiez pour rétablir le niveau, toute
votre force politique échouera contre eux.
Dans mon opinion , il ne faudroit pas seulement que l'organisation des institutions civiles marchât de front avec une législation sur
la liberté des cultes; je voudrois encore qu'il

ut possible d'encadrer ensemble ces deux ob-
ets, et peut-être qu'en mûrissant davantage
cette idée, on trouveroit dans les rapports
intimes que j'ai établis entre eux un moyen
de les unir.

Quoiqu'il en soit, quel inconvénient y au-
roit-il à hâter de quelques instans l'exécution
de mesures auxquelles je présume qu'aucun
de vous n'entend s'opposer ? elles n'ont été
que trop retardées. Les ennemis de l'état n'ont
tiré que trop d'avantages de ce retard. Oc-
cupez-vous en et vous convaincrez les incré-
dules que vous travaillez efficacement à l'af-
fermissement de la Constitution.

Arrêtez l'instruction publique sur des bases républicaines et je craindrai moins que
les prêtres ne s'emparent exclusivement de la
génération présente et des générations à ve-
nir. Donnez de la pompe à vos institutions,
accoutumez le peuple à séparer ce qui est du
ressort des religions d'avec ce qui est pure-
ment civil. Que les prêtres eux-mêmes soient
forcés de convenir que l'influence qu'on leur
donna dans le Gouvernement, lorsque le culte
étoit national, étoit indépendante de ce culte,
et ne peut plus subsister dans un Gouvernement qui n'en veut favoriser aucun de préférence aux autres. Alors les ennemis de la

B 3

République ne diront pas à ces prêtres ambitieux, persévérez, ayez de la patience, le
dégoût vous ramenera les François, et vous
rentrerez dans vos anciennes prérogatives.
Alors ils ne continueront pas à tenir des re-
gistres, et ne se croiront pas encore revêtus
de la magistrature civile. Alors ils se tien-
dront à leur place, et les amis de la liberté
verront d'un œil tranquille leurs sectateurs se
multiplier comme les sables de la mer. Alors
je croirai moins aux projets de relever *l'ar-
bre antique* dont les rameaux ombrageoient
la France. Alors j'aurai plus de confiance aux
promesses de tout genre, soit qu'elles soient
faites spontanement, soit qu'une loi les exige.
Alors ce propos si souvent répété au-dehors
de cette Assemblée, que les choses sont
désormais à leur point de maturité et qu'il
est tems que la monarchie renaisse, m'inspi-
rera moins d'alarmes. Alors je verrai une bar-
rière de plus à opposer à ceux dont le systême est de temporiser. Alors je m'effrayerai
moins de ce débordement d'hypocrisie politique et religieuse qui menace chaque jour
l'état et la morale publique. Alors de mépri-
sables folliculaires n'auront plus de prétexte
pour élever leurs voix sacrilèges contre l'intention de vos loix. Etranges Protées ! n'a-

guère ils ne croyoient pas en Dieu, et ce
font aujourd'hui les apôtres du catholicisme !
Gagistes d'une secte impie, ils renversoient
les autels, et les voilà sur le point de renou-
veller l'intolérance romaine ! Ils persécutè-
rent un sage célèbre parce qu'il avoit hor-
reur de l'athéisme, et leur persécution menace quiconque garde encore le souvenir de
la philosophie ! Insensés ! vous prêchez dans
le désert. Le Dieu que vous blasphêmez parle
plus haut que vous. J'ai vu les ames pures de
tous les partis couvrir d'un saint mépris votre nouvel apostolat. J'ai vu les hommes religieux rougir des criminels efforts que vous
faites pour soutenir l'objet de leur vénération, et les philosophes s'indigner de l'audace
avec laquelle vous vous arrogez le droit de
commander aux opinions.

Pardonnez, mes Collègues, ce mouvement
bien naturel à un ardent ami de l'Etat et de
la morale publique, lorsqu'il voit qu'on s'en
joue chaque jour avec plus d'impudence.

Je propose l'arrêté suivant :

Le Conseil des Cinq cents, considérant qu'il
est de son devoir d'assurer à la Constitution
de l'an 3 toutes les garanties qui sont en sa
puissance contre les entreprises d'un ou de

plusieurs cultes , arrête : qu'immédiatement après la délibération relative à la déclaration à faire par les ministres des cultes , dont le principe a été déclaré dans la séance du..... il statuera sur la partie morale de l'instruction publique , les institutions civiles et les fêtes nationales.

A cet effet, la Commission d'instruction publique est chargée de faire dans six jours un rapport, 1°. sur la partie morale de l'enseignement; 2°. sur les bases législatives de l'organisation morale et politique des institutions civiles relatives à la naissance, au mariage, aux sépultures et aux fêtes nationales.

SUITE

DU DIALOGUE.

— Eh bien !

— Il est évident à mes yeux que cela est dirigé contre le catholicisme.

— Non ; mais contre l'ambition de ses prêtres, et de ceux de tout autre culte qui pourroit naître ou s'introduire dans la République.

— Les prêtres catholiques ne sont point ambitieux ?

— O esprit de parti !

— Il ne peut naître ni s'introduire aucun autre culte dans la République.

— O esprit de parti ! Que voulez-vous donc que deviennent cette foule d'hommes dont tout le bonheur est de reconnoître et d'aimer l'Etre Suprême sans pouvoir cependant soumettre leur raison aux dogmes de l'église romaine ?

— Il n'y a point de ces hommes-là.

— Quoi ! vous avez oublié que dans un tems où l'opinion publique eut marqué du sceau de la réprobation quiconque auroit osé embrasser un culte différent du culte dominant, une quantité innombrable de citoyens ne rendoit hommage à Dieu que par un culte intérieur et secret? Vous avez oublié les gémissemens qu'arrachoit à ces hommes l'impossibilité de se réunir pour célébrer le Bienfaiteur de la nature par des actes extérieurs plus simples que ceux du catholicisme?

— Je vous dis qu'il n'y a plus de ces hommes-là. Exceptez en les terroristes, tout est rentré dans le giron de l'église.

— Et moi je vous dis que l'église ne peut compter parmi ses serviteurs fidèles que ceux qui ne l'ont jamais abandonnée; qu'elle devroit chasser honteusement de son sein tous ces anciens détracteurs qui ne l'embrassent aujourd'hui que pour en faire un instrument de contre-révolution; qu'il n'y a que des intolérans qui puissent donner des qualifications déshonorantes à ceux qui ne se dévouent pas aveuglement à telle ou telle secte ; que tout ce qu'il y a de raisonnable et de probe est resté dans la ligne que sa conscience lui avoit tracée , et qu'enfin si l'intérêt et l'esprit de parti ont fait des hypocrites, le nombre des individus dont je parlois il n'y a qu'un instant s'est considérablement accru , par l'effet naturel des troubles religieux , et du spectacle hideux qu'offrent dans ces circonstances l'emportement et les vengeances des prêtres. Voulez-vous des faits à l'appui de ce que j'avance? Regardez autour de vous : la République sort à peine de la tyrannie décemvirale et de la guerre civile , le libre exercice des cultes vient d'être proclamé, et déja plusieurs temples servent d'asyle....

— Aux *théophilantropes*. Nous y voilà. Votre colère vous a trahi.

— S'il s'est élevé de théophilantropes , pourquoi ne s'éleveroit-il pas d'autres sectes ?

— Il est vrai que j'ai qui parler encore de je ne sais quels *adorateurs*.

— J'avois donc raison de vous dire qu'il pourroit naître des cultes nouveaux, et qu'il faudroit garantir la République contre les entreprises de leurs prêtres.

— Et pour cela vous nous faites adopter une religion exclusive?

— Vous êtes dans l'erreur. Je vous défie de trouver dans mon discours un seul mot qui ne vous permette d'être selon votre conscience ou votre fantaisie, catholique, luthérien, calviniste, théophilantrope, adorateur, quaker, juif, mahométan, etc. Quelque chose que vous fassiez , il ne dépendra jamais de vous d'empêcher que toutes les croyances aient la même base, l'existence de Dieu. C'est le portique de tous les temples , vous êtes libre d'y demeurer ou d'aller plus avant ; toutes les portes vous sont couvertes.

— Mais vos théophilantropes occuperont ce portique ; ils y feront foule ; on ne pourra bientôt s'y frayer un passage, et soyez de bonne foi c'est-là ce que vous voulez.

— Je ne veux point une chose impossible. Quelque simple que soit leur culte, il différera toujours par son objet de la religion civile et n'aura jamais que le caractère d'une secte.

— Et qui sait jusqu'où peuvent aller les progrès d'une secte fière de ses rapports avec la pensée du Gouvernement ?

— Il n'en est pas une où vous ne trouviez les mêmes rapports.

— A la bonne heure ; mais là ils sont tels que la religion civile pourroit suffire aux théophilantropes.

— Non ; car la religion civile n'auroit pas de pratiques journalières.

— La théophilantropie n'en seroit pas moins la religion de l'état, puisque ses sectateurs se reconnoîtroient tout entiers dans les cérémonies civiles.

— Qu'importe si, lorsqu'ils rentreront dans leurs temples particuliers, ils sont obligés, comme les catholiques, les protestans, etc., de pourvoir aux frais de leur culte et de se conformer à toutes les loix de police auxquelles les autres sont soumis?

— Vous avez beau dire. Votre religion civile est proscrite par la Constitution ; *elle ne reconnoît aucun culte.*

— Cette idée n'est pas juste. *Elle n'en salarie aucun* ; mais sa première pensée a été de les reconnoître tous lorsqu'elle a proclamé, *en présence de l'Etre-suprême,* les principes fondamentaux dont elle n'est que l'application. Vous convenez bien que la législature a le droit de contenir les cultes par des loix de police, pourquoi n'useroit-elle pas du moyen paternel et moral que la déclaration des droits lui fournit de les unir ensemble par un lien commun, et de les faire fraterniser, si je puis m'exprimer ainsi, sans les confondre et sans gêner leur exercice? Le plus ancien peuple du monde peut nous fournir à cet égard un exemple utile. Il y a une foule de sectes en Chine, et cependant toutes les fêtes publiques y sont religieuses. Au reste, si le mot de religion civile vous effarouche, mettons-le à l'écart et tenons-nous-en à mes conclusions réduites aux termes simples dans lesquels elles sont conçues, alors je me trouverai d'accord avec ceux qui m'ont combattu, et notamment avec Dumolard.

— Vous dénaturez leurs raisonnemens.

— Voilà le *Moniteur*, lisez.

Béranger. Si le préopiniant avoit mis plus d'ordre et de clarté dans ses idées, il seroit plus facile d'analyser son discours. Cependant, je vais essayer de répondre à quelques-uns des principes qu'il a mis en avant. L'opinant s'est beaucoup étendu sur l'intolérance d'un culte, et cependant il a terminé par vous proposer en quelque sorte un culte dominant. Ce n'est point par des idées abstraites qu'on conduit les hommes, et qu'on les rend meilleurs ; il faut des pratiques, et sous ce rapport, je pense que nous avons besoin d'institutions sociales.

Mais il est visible que l'objet de la motion est de vous faire consacrer l'établissement d'un culte théophilantropique ; c'est une religion nouvelle que l'on veut faire rivaliser avec les autres ; elle n'est fondée que sur l'idée majestueuse d'un Dieu ; mais à quoi sert cette idée détachée de tout autre dogme. Adoptez les vues de l'orateur, et vous faites du culte théophilantropique une religion dominante ! ce qui seroit contraire à la constitution. D'ailleurs, ce n'est pas sur les idées mystiques des docteurs théophilantropes que vous pouvez baser vos institutions sociales , elles ne leur serviroient qu'à faire des François un peuple contemplatif.

Je demande l'ordre du jour , et sur l'impression du discours de Leclerc , et sur la proposition qu'il nous a faite.

Dumolard. C'est précisément parce que le discours de Leclerc ne tend à rien moins qu'à nous faire établir une religion politique privilégiée , que je demande l'ordre du jour. La constitution ne reconnoît aucune religion; elle admet tous les cultes , et vous ne pouvez adopter celui des théophilantropes , sans attaquer les autres ; ce privilège troubleroit la tranquilité publique. Votre devoir est de rester dans le cercle de vos fonctions , de maintenir toutes les religions sous le niveau de la loi , d'exiger de leurs ministres une garantie de leur fidélité , dans une déclaration de soumission à la république. Bornons-nous à faire une loi de police commune à tous les cultes; mais gardons-nous de nous prononcer sur aucunes. Rappelons-nous les maux incalculables qu'ont causés aux différens peuples les querelles religieuses , et ne déshonorons pas le dix-huitième siècle par une guerre de religion. Que la commission d'instruction publique s'occupe, et au plutôt, de la forme à donner aux institutions républicaines de l'organisation de l'instruction publique ; mais prenons garde de la lier en aucune manière aux institutions religieuses ; rendons-la indépendante, afin que chaque sectaire puisse y envoyer ses enfans puiser les principes des sciences et des mœurs , qui sont les mêmes dans toutes les religions.

Je demande la question préalable sur l'impression.

— Si la séance du 9 fructidor vous est présente, vous devez vous appercevoir que le journaliste a singulièrement élagué les deux opinions que vous venez de lire, et vous conviendrez qu'en les réduisant ainsi, il a bien rassemblé toutes les idées qui se rapprochoient un peu de ces propositions.

— J'en conviens.

— Eh bien! jugez entre mes adversaires et moi.

— La masse du Conseil vous a jugé.

— J'en appelle.

— A qui?

— Aux individus.

DU PARTAGE

DES

BIENS DES PAUVRES

A LA SUITE DE

DÉMEMBREMENTS DE COMMUNES

PAR P. GÉRARD

RÉDACTEUR AU MINISTÈRE DE L'INTÉRIEUR

PARIS

BERGER-LEVRAULT ET Cⁱᵉ, LIBRAIRES-ÉDITEURS

5, RUE DES BEAUX-ARTS, 5

MÊME MAISON A NANCY

—

1883

DU PARTAGE

DES

BIENS DES PAUVRES

A LA SUITE DE

DÉMEMBREMENTS DE COMMUNES

Par P. GÉRARD

RÉDACTEUR AU MINISTÈRE DE L'INTÉRIEUR

PARIS

BERGER-LEVRAULT ET Cie, LIBRAIRES-ÉDITEURS

5, RUE DES BEAUX-ARTS, 5

MÊME MAISON A NANCY

—

1883

(*Extrait de la* REVUE GÉNÉRALE D'ADMINISTRATION.)

DU PARTAGE DES BIENS DES PAUVRES

DE DÉMEMBREMENTS DE COMMUNES [1]

Une commune qui possède des biens affectés à la distribution de secours publics ou dans laquelle existe soit un bureau de bienfaisance, soit un hospice, a été démembrée à la suite de la distraction d'une de ses sections, qu'un acte législatif ou réglementaire a érigée en municipalité distincte, — quel est l'effet de cette modification de territoire sur les biens des pauvres de l'ancienne commune ?

La loi municipale, qui contient certaines dispositions sur l'attribution des biens communaux, ne renferme aucun texte spécial applicable au patrimoine des pauvres ; mais la jurisprudence a étendu aux biens des pauvres, sous les réserves que comportait la nature particulière de ces biens, les règles tracées par la loi pour les biens communaux ordinaires.

Ainsi, il a été admis que les portions détachées par une modification de circonscription territoriale conservent, nonobstant leur séparation, leurs droits dans la propriété et la jouissance des biens affectés à l'assistance publique dans la commune dont ils faisaient antérieurement partie ; une liquidation des droits respectifs appartenant aux pauvres de chacune des deux fractions de territoire doit donc être faite ; ce sont les règles qui président à cette liquidation que nous nous proposons de rechercher.

---

1. Voir, sur cette question, M. Aucoc, *École des communes,* 1863, p. 113, et *Traité des sections de communes,* du même auteur.

Avant d'entrer dans cette étude, nous devons rappeler que les nouvelles communes sont créées tantôt par une loi et tantôt par un décret, suivant des distinctions que nous avons eu l'occasion d'indiquer dans un article précédent auquel nous nous bornons à renvoyer le lecteur [1].

Lorsque la distraction est prononcée par le pouvoir législatif, un article spécial de la loi renvoie ordinairement à un décret ultérieur le règlement des conditions de la séparation, conformément à l'article 7 de la loi du 18 juillet 1837. Si le projet est de la compétence du pouvoir exécutif, le décret qui prononce la création de la commune devrait, aux termes du même article, statuer sur toutes les difficultés que peut faire naître la distraction ordonnée, et pourvoir notamment à la liquidation des biens composant le patrimoine des pauvres de l'ancienne agglomération municipale. Mais, dans la pratique, ce procédé n'est guère suivi que dans les cas où les parties intéressées étant d'accord, l'acte réglementaire n'a qu'à sanctionner cet accord. En 1848, le ministre de l'intérieur voulut ramener à l'exécution rigoureuse de la loi. Une circulaire du 29 janvier déclara qu'il ne serait désormais donné suite à aucune proposition de changement de circonscription territoriale, qu'autant qu'il aurait été procédé à une instruction qui donnât à l'autorité le moyen d'apprécier tous droits, intérêts ou prétentions ayant quelque connexité avec le changement de délimitation [2]. Mais les difficultés particulières que présente le règlement des intérêts communs après la séparation, et les délais considérables qu'entraîne l'instruction de cette partie du projet, firent que l'administration supérieure se départit peu à peu de sa rigueur. Aussi, depuis 1854, les lois ou décrets se bornent en général à prononcer la distraction, et le partage des biens charitables est opéré ultérieurement par un décret rendu dans la forme des règlements d'administration publique [3].

Ces partages se présentent dans les trois hypothèses suivantes :

1° Tantôt la commune possède des biens affectés à la distribution de secours publics ;

---

1. *Revue générale d'administration*, année 1880, t. I, p. 20 et 149.

2. *Bulletin officiel du ministère de l'intérieur*, 1848, p. 16.

3. Voir cependant décret du 11 juillet 1868, qui érige la section de Barbechat, distraite de La Chapelle-Basse-Mer (Loire-Inférieure), en commune séparée, crée un bureau de bienfaisance à Barbechat et partage entre les deux communes la dotation charitable de l'ancien bureau de bienfaisance de La Chapelle. — Voir aussi décret du 16 août 1869, commune des Artigues distraite de Lussac (Gironde).

2° Tantôt la commune démembrée possède un bureau de bienfaisance;

3° Tantôt, enfin, elle possède un hospice ou elle a droit à des lits dans un hospice situé dans une commune voisine.

I.

PARTAGE DES BIENS COMMUNAUX AFFECTÉS AU SOULAGEMENT DES PAUVRES.

La commune mère possédait, avant son démembrement, des biens affectés au soulagement des indigents; la distraction de la section érigée en municipalité distincte fait naître trois questions :

a) La nouvelle commune a-t-elle une action pour demander le partage des biens indivis, et, dans le cas de l'affirmative, quel sera le tribunal compétent pour statuer sur l'action en partage ?

b) Quelles seront les formes de ce partage et par quel acte sera-t-il consommé ?

c) Quelles seront, au fond, les règles de ce partage ?

a) *La section démembrée a-t-elle une action en partage ?* — Cette première question n'est pas résolue par la loi du 18 juillet 1837, qui dispose simplement : « La section de commune érigée en commune séparée... emportera la propriété des biens qui lui appartenaient exclusivement. Les édifices et autres immeubles servant à usage public et situés sur son territoire deviendront propriété de la nouvelle commune. » Mais il est de règle d'insérer dans les actes législatifs ou réglementaires constitutifs de nouvelles communes, un article ainsi conçu : « Les dispositions qui précèdent auront lieu sans préjudice des droits d'usage ou autres qui pourraient être respectivement acquis. »

Cet article réserve les droits que peut avoir la nouvelle commune, comme représentant légalement ses indigents, sur les biens communaux affectés au soulagement de la généralité des pauvres de l'ancienne commune démembrée (art. 910 et 937 du Code civil, art. 3 de l'ord. du 2 avril 1817).

D'où il résulte que la nouvelle commune peut demander le partage

de ces biens qui, bien qu'affectés d'une condition spéciale, n'en cons-
tituent pas moins des ressources faisant partie du patrimoine de la commune mère, et, à ce titre, sont soumis aux règles relatives aux partages des biens indivis entre communes ou sections de communes. Cette
situation n'a rien d'anormal; il pourrait arriver, en effet, que la commune ait reçu, avant son démembrement, des libéralités pour l'entretien
de ses écoles; les biens compris dans ces donations seraient aussi des
biens communaux affectés à une destination particulière.

Ainsi, en principe, le conseil municipal de la commune nouvelle
pourra prendre l'initiative d'une demande en partage ; mais cette demande devra être portée devant l'administration supérieure, qui pourra,
si elle le croit préférable dans l'intérêt des communes, laisser subsister l'indivision.

L'article 7 de la loi du 18 juillet 1837, qui attribue expressément à
l'autorité administrative le règlement des conditions de la séparation,
ne permet pas, suivant nous, de contester la compétence de l'administration ; mais pour que l'administration ait une compétence exclusive,
il faut qu'il s'agisse de biens reconnus communaux. Si l'une des
sections de la commune se prétendait propriétaire unique des biens ,
si, par exemple, la commune démembrée soutenait que les biens charitables dont une partie est revendiquée par la nouvelle commune, n'appartenaient pas, d'après les titres de fondation, à la généralité des pauvres
de l'ancienne commune, mais seulement à la commune mère, la solution de cette difficulté constituerait une question préjudicielle qui doit
être renvoyée à l'examen des tribunaux judiciaires. L'article 7 de la loi
du 18 juillet 1837 le déclare formellement, lorsqu'il ajoute que la loi
ou le décret prononceront, « sauf réserve, dans tous les cas, de toutes
les questions de propriété ».

Ces principes ont été reconnus par la Cour de cassation dans les circonstances suivantes : Le sieur Morin avait légué à la commune de
Lagord (Charente-Inférieure) ses immeubles et ses tableaux à la condition que le produit de ce legs serait employé à soulager les pauvres
et à doter chaque année des jeunes gens choisis dans la classe indigente de la commune. Par une loi en date du 21 mai 1858, la section
de Puilboreau fut distraite de la commune de Lagord et érigée en commune distincte. La nouvelle commune revendiqua contre l'ancienne
une part indivise des biens légués, avec les droits et avantages qui y
étaient attachés. Mais la commune de Lagord soutint qu'elle seule avait

été gratifiée et que les habitants du village de Puilboreau n'avaient plus droit au bénéfice de la libéralité du sieur Morin. L'examen de cette prétention était, sans nul doute, de la compétence des tribunaux judiciaires ; la question fut donc portée devant la cour de Poitiers qui statua en ces termes :

Attendu que, par son testament, le sieur Morin a légué ses immeubles et ses tableaux à la commune de Lagord, qu'il a fixé lui-même la destination de son legs : « Le présent legs, a-t-il dit, est destiné au bien-être et à la prospérité de la commune de Lagord, au soulagement des pauvres natifs de ladite commune et y domiciliés par des secours de toutes sortes, à l'ouverture annuelle d'ateliers de charité » ; qu'il a voulu que tous les trois ans, 600 fr. soient prélevés sur le revenu des immeubles pour doter deux jeunes gens de la classe la plus indigente de la commune ; attendu que la section de Puilboreau formait, à l'époque du testament et de la mort du sieur Morin, une notable fraction de la commune de Lagord ; que les bienfaits du testateur s'étendaient à tous les pauvres nés et domiciliés dans cette commune ; que tous les habitants, sans exception, devaient bénéficier de la libéralité ; que le testateur n'a manifesté aucune préférence en faveur de ceux qui seraient fixés dans des localités spéciales ; qu'il n'a pas exclu les habitants d'une section qui cesserait d'appartenir à la commune de Lagord ; que c'est dans son testament seul qu'on doit chercher l'expression de sa volonté, qu'en écrivant le souhait que ses tableaux et son portrait soient placés après son décès dans la salle de la mairie de Lagord, il ne témoigne pas l'intention d'avantager l'agglomération seule des habitants qui demeureraient perpétuellement attachés à cette mairie ; attendu que les biens donnés peuvent être facilement partagés, surtout depuis la réduction du legs [1] ;

Attendu que la section érigée en commune séparée, ou réunie à une autre commune, emporte la propriété des biens qui lui appartenaient exclusivement, que les édifices et autres immeubles deviennent la propriété de la nouvelle agglomération, sauf indemnité envers la commune dont une partie a été distraite, s'il y a lieu ; attendu, quant aux autres biens qui ne font pas partie du domaine public municipal et dont les fruits ne sont pas perçus en nature, mais dont la section distraite jouissait en commun avec son ancienne commune, que cette section doit avoir une part proportionnelle à son importance, soit qu'il s'agisse d'immeubles situés sur le territoire séparé, soit qu'il s'agisse d'immeubles restant dans la commune modifiée ; attendu qu'il serait injuste de laisser en entier les immeubles et leurs revenus à une commune dont les charges seraient diminuées nécessairement par la distraction même d'une partie de son territoire et de ses habitants, et de priver de cette ressource la nouvelle commune à laquelle la section annexée doit apporter des

---

1. Un décret du 3 août 1856 n'avait autorisé la commune de Lagord à accepter, que jusqu'à concurrence de moitié, le legs à elle fait par le sieur Morin.

biens comme elle lui apporte de nouvelles dépenses ; attendu donc que c'est
à tort que les premiers juges ont attribué à la commune de Lagord la tota-
lité des biens légués par le sieur Morin, qu'une partie de ces biens appartient
à la section de Puilboreau comprise dans la commune du même nom, mais
qu'au Gouvernement seul il écheoit de déterminer la quotité de cette portion ;
que la Cour, en fixant les bases d'un partage, empiéterait sur les attributions
de l'administration et sur le droit que le Gouvernement s'est réservé, par la
loi même qui a créé la commune de Puilboreau, de régler administrativement
et suivant l'équité les conditions de sa formation par la séparation d'une
partie de la commune de Lagord ; dit qu'il a été mal jugé... etc. [1].

La commune de Lagord ayant déféré cet arrêt à la Cour de cassation, son pourvoi a été rejeté le 24 mars 1863 [2].

*Sur le moyen unique tiré de la violation des articles 6 et 7 de la loi du
18 juillet 1837, d'un excès de pouvoirs et de la violation du principe de la
séparation des pouvoirs ;*

Attendu qu'aux termes des articles 1, 5 6 et 7 de la loi du 18 juillet
1837, lorsqu'une section de commune est érigée en commune séparée ou
réunie à une autre commune, soit en vertu d'un décret de l'Empereur, soit
en vertu d'une loi, c'est à l'autorité judiciaire qu'il appartient de statuer
sur la question de propriété, que cette disposition formelle de la loi est
conforme aux principes généraux de droit qui attribuent aux tribunaux
ordinaires le jugement des questions de propriété ; attendu que la cour de
Poitiers s'est maintenue dans la limite de sa compétence en se bornant à juger
une question de propriété ; qu'ainsi le moyen fondé sur l'incompétence de
l'autorité judiciaire se trouve repoussé par les termes mêmes de la loi ;
attendu que ces mêmes dispositions prouvent que la cour de Poitiers n'a
commis aucun excès de pouvoirs, qu'en effet, aux termes de l'article 7, les
conditions de la distraction ou de la réunion de communes doivent être fixées
par l'autorité qui prononce cette distraction ou réunion ; mais que ce même
article fait réserve, dans tous les cas, des questions de propriété ; attendu que
la cour de Poitiers a constaté, par l'interprétation des différentes clauses du
testament du sieur Morin et par l'appréciation de sa volonté, que le testateur
avait fait lui-même la destination de son legs, qu'il avait voulu que ses bienfaits s'étendissent à tous les pauvres nés et domiciliés dans cette commune,
dont la section de Puilboreau formait à l'époque du testament et de la mort
du sieur Morin une notable portion, que son intention avait été de faire bénéficier de sa libéralité tous les habitants sans exception et sans exclusion
de ceux d'une section qui cesserait d'appartenir à la commune de Lagord ;
attendu qu'en jugeant par suite que la section de Puilboreau avait droit à la
propriété d'une partie des biens légués par le sieur Morin à la commune
de Lagord et dont elles jouissaient en commun avant la distraction, la cour

---

1. Poitiers, 8 janvier 1862 ; SIREY, 62, 2, 293.
2. V. SIREY, 1863 ; 1re partie, p. 364.

de Poitiers n'a pas violé le principe de la séparation des pouvoirs adminis-
tratif et judiciaire ; qu'elle n'a réglé que ce qui se rapportait à la propriété,
sans déterminer la quotité de la portion revenant à la section de Puilboreaù ;
qu'elle a reconnu qu'en fixant les bases du partage, elle empiéterait sur les
attributions de l'administration et sur le droit que le Gouvernement s'est réservé, par la loi même qui a créé la commune de Puilboreau, de régler les
conditions de sa formation, par la séparation d'une partie de la commune de
Lagord. Rejette.....

b) Quelles seront les formes du partage? — Nous avons déjà vu
que les conditions de la séparation étaient réglées soit par l'acte même
qui crée la nouvelle commune, soit par un décret ultérieur rendu en
Conseil d'État. Il n'y a aucune raison pour ne pas appliquer au partage des biens affectés au soulagement des pauvres les règles tracées
par la loi pour le partage des biens communaux ordinaires.

Pourrait-on soutenir que les dispositions spéciales de la loi du
18 juillet 1837, qui exigent, lorsque la loi n'a pas prononcé, l'inter-
vention d'un décret, ont été implicitement remplacées par le décret du
25 mars 1852 (tab. A, n° 41), aux termes duquel le préfet statue
dorénavant sur le partage de biens indivis entre communes et sections
de communes ?

Nous ne le pensons pas. Une loi générale ne déroge pas aux règles
posées par une loi spéciale. Nous croyons donc que le décret de 1852
n'est relatif qu'aux partages ayant pour but de mettre fin à l'indivision
produite par d'autres causes que celles résultant de modifications dans
la circonscription territoriale des communes ; d'ailleurs, le décret
lui-même réserve à la compétence du pouvoir central les questions
relatives aux changements de circonscriptions territoriales. (Tab. A,
n° 55, § *a*.)

Nous devons toutefois reconnaître que l'administration laisse ordinairement aux préfets, lorsque les conseils municipaux sont d'accord,
le soin de rendre leurs délibérations exécutoires et ne propose de
décret qu'en cas de désaccord[1]. Elle considère, en cas d'accord, les
délibérations intervenues comme un arrangement amiable qui fait
loi entre les parties et qui rend inutile le mode de règlement prévu par
la loi.

---

1. Dépêche du 21 décembre 1872, commune de Montpezat-Bétracq (Basses-
Pyrénées).

Ce mode de procéder ne paraît pas avoir, jusqu'à présent, soulevé de difficultés.

Ajoutons que l'acte par lequel l'autorité supérieure opère ce partage est un acte de pure administration qui n'est pas susceptible de recours par la voie contentieuse, et qui ne pourrait être attaqué devant le Conseil d'État que pour incompétence ou excès de pouvoirs.

c) Sur quelles bases sera fait le partage? — D'après un avis du Conseil d'État approuvé par l'Empereur le 20 juillet 1807, et inséré au *Bulletin des lois,* le partage des biens indivis entre communes doit avoir lieu par feux. Un autre avis, également approuvé par l'Empereur le 26 avril 1808, a décidé que la même règle serait appliquée au partage des bois indivis entre communes. Ces deux avis doivent-ils être suivis pour régler entre deux communes le partage de biens affectés au soulagement des indigents?

La jurisprudence n'a pas admis l'assimilation. On a pensé qu'à raison de l'affectation spéciale des biens charitables, leur partage ne devait pas être fait par feux, mais au *prorata* de la population.

Les chiffres qui doivent être pris pour base de calcul sont, en principe, ceux qui sont fournis par les états de population annexés au décret qui déclare authentique le dénombrement antérieur à l'acte qui a prononcé la séparation[1]. Cette règle devra s'appliquer, non seulement dans le cas où le partage aura lieu immédiatement après la séparation, mais encore dans l'hypothèse où ce partage serait opéré longtemps après, les deux communes ayant préféré rester dans l'indivision. En effet, c'est au moment même où les sections réunies ont été formées en communes séparées que leurs droits respectifs sur les biens charitables compris dans l'indivision ont été ouverts[2].

---

1. Voir dépêche du 17 février 1882, communes du Vésinet et autres (Seine-et-Oise).

2. Voir comme analogie, Cass. 13 juillet 1841, commune de Guémar ; — Dépêche du 18 juin 1862 au préfet du Gard (commune de La Grand-Combe distraite de celle des Salles-du-Gardon).

II.

PARTAGE DES BIENS FORMANT LA DOTATION DU BUREAU DE BIENFAISANCE.

Nous supposons qu'une commune, dans laquelle se trouve un bureau de bienfaisance, a été démembrée par l'érection d'une de ses sections en municipalité distincte, quel est l'effet de cette création sur la dotation charitable du bureau de bienfaisance?

Pendant longtemps, il ne paraît pas que la question se soit posée dans la pratique ; cela tient, probablement, à ce que de 1797 à 1830 le nombre des créations de communes a été fort restreint.

A la date du 13 avril 1830, le ministre de l'intérieur répondait à une demande d'instructions formée par le préfet du Calvados, que quand une commune était démembrée, son bureau de bienfaisance devait être dissous et remplacé par un autre créé dans chaque nouvelle commune. Voici en quels termes s'exprimait le ministre : « En vertu de la loi du 5 frimaire an V, qui rétablit les bureaux de bienfaisance et les met sous la surveillance de l'autorité municipale, il fut organisé dans presque tous les départements un établissement de ce genre par canton. Mais à cette époque, il n'existait qu'une administration municipale par canton, et la loi du 28 pluviôse an VIII ayant supprimé ces administrations, et ayant établi une municipalité par commune, les bureaux de bienfaisance doivent, par une conséquence nécessaire, être circonscrits dans le même ressort. D'ailleurs, une organisation différente présenterait de graves inconvénients ; car, d'une part, il deviendrait souvent impossible de réunir des administrateurs pris dans plusieurs communes; d'un autre côté, en n'appelant que des administrateurs pris dans une seule commune, les pauvres qui lui appartiendraient pourraient être favorisés aux dépens des indigents des autres localités. Ces considérations et les règles qui régissent la matière ne laissent aucun doute sur la nécessité d'organiser un bureau de bienfaisance dans la nouvelle commune qui a été créée dans votre département[1]. »

---

1. Dépêche du 13 avril 1830 au préfet du Calvados, commune de Cardigny. (*Mémorial des percepteurs*, 1830, p. 299.)

Cette jurisprudence a toujours été maintenue par le ministère de l'intérieur, et, en principe, chaque création de commune est suivie d'un décret établissant un bureau de bienfaisance dans la nouvelle municipalité[1]. Depuis la loi du 24 juillet 1867, qui a remis aux préfets le pouvoir de créer des bureaux de bienfaisance, il appartient à ces fonctionnaires de veiller à l'exécution de cette mesure, et le ministre de l'intérieur a eu plusieurs fois occasion de le leur rappeler[2].

La règle posée par la jurisprudence subit cependant une exception quand les biens composant la dotation charitable du bureau de bienfaisance de l'ancienne commune n'appartiennent pas à la généralité des pauvres de cette commune, mais seulement à la portion qui reste de l'ancienne commune, après le démembrement; dans ce cas, la section distraite n'ayant aucun droit sur cette dotation, il n'y a pas lieu de créer dans la nouvelle commune un bureau de bienfaisance qui n'aurait pas de ressources.

En dehors de cette exception, le bureau de bienfaisance nouvellement créé pourra-t-il poursuivre le partage de la dotation qui appartenait jusque-là à celui de la commune démembrée?

La même question se poserait d'ailleurs dans le cas où l'on aurait omis de créer un bureau de bienfaisance dans la nouvelle commune; le maire, représentant légal des pauvres, pourrait-il intenter une action en partage contre le bureau de bienfaisance de l'ancienne commune? — Si l'on admet l'affirmative, devant quelle juridiction l'action devra-t-elle être portée?

Cette question, qui présente avec celle que nous avons examinée au premier paragraphe une grande analogie, en diffère cependant en ce sens qu'il ne s'agit plus de biens communaux ayant une affectation spéciale, mais de biens appartenant à un établissement public communal ayant son individualité propre.

Cette distinction entre les biens communaux et les biens des établissements de bienfaisance communaux a été quelquefois perdue de vue, notamment lors de la discussion, au sein de la Chambre des députés, de la loi du 5 août 1879, sur les commissions administratives des hospices et des bureaux de bienfaisance.

---

1. Décret du 19 janvier 1861 : création du bureau de bienfaisance de La Grand-Combe (Gard).

2. V. notamment dépêche du 16 février 1882, communes de Saint-Georges-d'Aurac et de Chavagnac (Haute-Loire).

M. Martin-Feuillée, sous-secrétaire d'État au ministère de l'intérieur, rétablit alors, contre M. Plessier, député, la véritable doctrine,
d'après laquelle les biens des hospices et ceux des bureaux de bienfaisance ne peuvent être considérés comme des biens communaux.
Après avoir rappelé que sur 1,601 hospices et hôpitaux, il n'y en
avait que 401 qui reçussent des subventions des communes, et que
sur 13,083 bureaux de bienfaisance, 2,334 seulement sont subven-
tionnés, l'orateur ajoutait : « Dans cette situation, je me le demande,
est-il logique de confier à une délégation du conseil municipal
l'administration de biens qui n'appartiennent véritablement pas à la
commune? Est-il logique de confier à une délégation du conseil
municipal la direction d'un budget qui n'est point celui de la commune [1]? »

La même doctrine a été admise par la Cour de cassation, qui a
décidé, dans un arrêt du 7 janvier 1863, que : « les biens des bureaux
de bienfaisance ne pouvaient être confondus avec les biens communaux ; que les bureaux de bienfaisance, dont l'organisation est réglée
par la loi du 7 frimaire an V, ont une existence indépendante, une
administration et une dotation spéciales qui ne se confondent pas avec
celles des communes; que, sans doute, aux termes des articles 6 et 7 dè
la loi du 18 juillet 1837, en cas de distraction de communes, tous les
biens productifs de revenus, à l'exception de ceux affectés au domaine
public communal, doivent être partagés, mais que les effets de cette
décision ne peuvent s'appliquer que lorsqu'il s'agit de biens appartenant à la commune [2]. »

Mais, au point de vue spécial qui nous occupe, la distinction entre
les biens communaux affectés à un usage charitable et les biens des
établissements charitables communaux n'a qu'une importance théo-
rique, car nous allons voir que la jurisprudence applique aux uns

---

1. *Journal officiel,* p. 2613, séance du 27 mars 1879. — Dans la même séance,
M. Henri Giraud avait dit auparavant : « Il s'agit de savoir si ces biens sont les
biens des pauvres ou si ce sont les biens des communes. Je soutiens que ce ne
sont pas des biens communaux. Vous dites que ce sont des biens communaux
ayant une destination spéciale; non, ils sont la propriété de l'établissement.; l'établissement est une personne civile, c'est un établissement d'utilité publique qui
possède et administre les biens des pauvres et non ceux de la commune. C'est
bien compris, je crois ; ce sont les biens des pauvres; la commune n'a le droit
ni de les vendre, ni de les administrer. » (*Journal officiel,* 1879, p. 2611.)

2. Cass. rejet, 7 janvier 1863, commune de Tanneron. (*Éc. des communes,*
1863, p. 119, article de M. Aucoc.)

comme aux autres les mêmes règles en ce qui concerne le partage de ces biens en cas de séparation de communes.

a) *Action en partage.* — Ainsi, la section détachée d'une commune possédant un bureau de bienfaisance aura le droit de demander le partage des biens de ce bureau ; seulement, la revendication devra être dirigée, non contre la commune, mais contre le bureau de bienfaisance. De même, si la section détachée a été dotée d'un bureau de bienfaisance, c'est la commission administrative de ce bureau et non la commune qui agira.

La réclamation devra être portée devant l'administration et non devant les tribunaux.

On trouve, il est vrai, dans les recueils de jurisprudence, un certain nombre de décisions qui sembleraient donner aux bureaux de bienfaisance une action en partage devant les tribunaux ; nous aurons l'occasion d'en citer deux plus loin [1] ; mais en allant au fond des choses, on verra que dans l'une de ces espèces, la recevabilité n'était pas contestée, et que, par conséquent, les juges n'ont pas été appelés à se prononcer sur leur compétence, et que, dans toutes les deux [2], se trouvaient engagées des questions de propriété.

La compétence de l'administration s'arrête, en effet, ainsi que nous l'avons dit plus haut, lorsque naît une question de propriété. Pour que l'administration puisse statuer, il faut qu'il n'y ait contestation ni sur le principe des droits de propriété revendiqués par chaque section, ni même sur la part de propriété à laquelle chacune prétend droit. Comme cette dernière question se confond souvent avec les bases du partage qu'il appartient à l'administration de déterminer, on comprend que des doutes ont pu souvent naître sur la compétence respective des deux autorités.

Mais si des difficultés se présentent dans l'application, le principe n'est pas douteux. Il est notamment affirmé dans l'arrêt de la Cour de cassation du 24 mars 1863 (commune de Lagord) cité plus haut. Il se retrouve également dans l'arrêt de la même Cour, du 7 janvier 1863, qui décide que « la demande tendant au partage des biens du bureau de bienfaisance de Garlian (ancienne commune démembrée par la distrac-

---

1. Jugement du tribunal de Joigny du 4 mai 1843. (Voir plus loin, p. 274.)

2. La seconde décision est le jugement du tribunal de Chartres du 15 janvier 1869 (Maintenon), p. 272.

tion de la section de Tanneron, érigée en commune distincte) impliquait nécessairement une question de propriété, et qu'il est de principe incontestable que toutes les questions de propriété qui ne peuvent être résolues que par les règles du droit civil sont de la compétence exclusive des tribunaux judiciaires [1]. »

De son côté, la section de l'intérieur a admis la même doctrine dans un avis du 3 décembre 1867 (M. Marbeau, rapporteur), ainsi conçu :

La section, qui a pris connaissance d'un projet de décret ayant pour objet d'excepter du partage prescrit par le décret du 18 juillet 1864 les biens meubles et immeubles qui appartenaient au bureau de bienfaisance de Noirmoutier antérieurement à la loi du 21 ventôse an VII qui a réuni les deux communes de Barbâtre et de Noirmoutier ;

Vu la loi du 21 ventôse an VII ;

Vu la loi du 21 mai 1858, qui a de nouveau érigé en commune distincte la section de Barbâtre ;

Vu l'arrêt de la cour de Poitiers du 11 mars 1862 ;

Vu le décret du 18 juillet 1864 ;

Considérant qu'il résulte de l'instruction qu'après que la loi du 21 mai 1858 eut détaché de l'ancienne commune de Noirmoutier la section de Barbâtre pour l'ériger en commune distincte, un procès s'engagea entre les deux communes au sujet des biens des établissements de bienfaisance sur lesquels Noirmoutier prétendait avoir des droits exclusifs et dont Barbâtre demandait qu'il lui fût attribué une part proportionnelle à sa population ;

Qu'il a été jugé par un arrêt de la cour de Poitiers, en date du 10 mars 1862, que « *toutes les valeurs mobilières et immobilières actuellement possédées par le bureau de bienfaisance appartiennent conjointement aux deux communes* », à l'exception de trois rentes provenant de libéralités destinées exclusivement, l'une aux pauvres de Barbâtre, les deux autres à ceux de Noirmoutier ;

Qu'un décret impérial du 18 juillet 1864 a autorisé le partage entre les deux communes « *des propriétés mobilières et immobilières du bureau de bienfaisance* », excepté les trois rentes désignées par l'arrêt ;

Que lorsqu'il s'est agi de procéder au partage, la commune et le bureau de bienfaisance de Noirmoutier ont prétendu en excepter et ont revendiqué comme leur propriété exclusive des biens actuellement possédés par le bureau de bienfaisance et provenant de l'ancien « *Hôpital de charité* » de la paroisse de Saint-Philbert de Noirmoutier ;

Que pour motiver cette prétention, Noirmoutier alléguait :

1° Que, contrairement à ce qui a été admis par erreur dans l'instruction précédant le décret du 18 juillet 1864, les deux paroisses de Barbâtre et de

---

1. Voir, dans le même sens, jugement du tribunal de Clermont du 17 août 1870, bureau de bienfaisance de Chepoix (Oise) et commune de Bacouel.

Noirmoutier formaient, avant 1789, deux communautés distinctes, que l'hôpital de charité de la paroisse de Saint-Philbert ne secourait que les pauvres de Noirmoutier et que les pauvres de Barbâtre n'ont jamais eu aucun droit sur les biens en question ;

2° Que ces biens ne figurent pas dans l'énumération de ceux dont Barbâtre a, devant la cour de Poitiers, revendiqué sa part, et que par conséquent ils n'ont pas été compris dans la disposition de l'arrêt du 10 mars 1862 ;

Que, de son côté, Barbâtre a contesté les allégations de Noirmoutier relatives à la destination exclusive de l'ancien hôpital de charité, et, invoquant la généralité des termes de l'arrêt, a soutenu que la prétention de Noirmoutier était contraire à la chose jugée ;

Que pour mettre fin au litige, M. le ministre de l'intérieur a saisi la section d'un projet de décret qui modifie le décret de 1864 et qui décide, conformément aux prétentions de Noirmoutier, que les biens qui appartenaient au bureau de bienfaisance avant la loi du 21 ventôse an VII ne seront pas compris dans le partage ;

Considérant que le dissentiment qui divise les deux communes porte sur le point de savoir si les biens dont il s'agit appartiennent exclusivement aux habitants de Noirmoutier ou collectivement aux habitants des deux communes ;

Que c'est là une question de propriété qui ne peut être tranchée que par l'autorité judiciaire ;

Qu'il ne pourrait appartenir à l'autorité administrative d'excepter du partage les biens en litige pour en laisser la possession à la commune de Noirmoutier que si les droits exclusifs de cette commune étaient consacrés par une décision judiciaire dont l'interprétation ne fût pas douteuse ;

Qu'il n'en est pas ainsi dans l'espèce ;

Qu'en effet la question de savoir si l'arrêt de 1862 est applicable aux biens dont il s'agit ne peut être résolue que par l'examen attentif des pièces de procédure qui ne sont pas toutes au dossier ;

Que, de plus, en admettant même que l'arrêt doive être interprété conformément aux prétentions de Noirmoutier, il n'en résultera pas que la cour de Poitiers a attribué à cette commune la propriété exclusive des biens en litige, mais seulement qu'elle n'a pas statué à leur égard, et que, par conséquent, l'autorité administrative se trouve aujourd'hui en présence des prétentions contradictoires des deux communes sur leur destination ;

Que, dans ces circonstances, il convient d'attendre que les droits respectifs des deux communes aient été déterminés par l'autorité judiciaire, soit par interprétation de l'arrêté de 1862, soit par application des anciens titres ;

Est d'avis :

Qu'il n'y a lieu, quant à présent, d'adopter le projet de décret.

Dans une autre espèce, le ministre de l'intérieur contestait la compétence de l'autorité judiciaire, mais le Conseil d'État l'a encore reconnue en autorisant le bureau de bienfaisance à plaider, parce qu'il s'agissait d'apprécier, d'après les titres de fondation, si les pauvres représentés par ce bureau avaient un droit sur les revenus d'une ancienne fondation hospitalière. Voici les faits :

L'hôpital de Maintenon fut fondé, en 1731, par le duc de Noailles et sa femme, pour le soulagement des pauvres tant du marquisat de Maintenon que de la châtellenie de Villiers et paroisses en dépendant. « *Dans ledit hôpital*, dit l'acte de donation, *seront reçus les pauvres vieillards et infirmes et hors d'état de travailler, de même que les pauvres malades et les pauvres filles orphelines. Il sera aussi fourni aux pauvres malades externes dans le lieu de Maintenon, les bouillons et remèdes qui leur seront portés dans leurs maisons et autres secours.* »

Après la Révolution, cet hôpital cessa de fonctionner et une ordonnance royale du 20 mai 1844 le transforma en bureau de bienfaisance. Les deux communes de Chartainvilliers et de Villiers-le-Morhiers ayant fait partie de la châtellenie de Villiers, demandèrent à introduire une action civile tendant à obtenir de la commune et du bureau de bienfaisance de Maintenon le rétablissement de l'hôpital, et, à défaut de ce rétablissement, une portion des revenus de l'ancienne dotation en proportion de leur population. Le conseil de préfecture d'Eure-et-Loir leur refusa l'autorisation de plaider (arrêté du 30 décembre 1866). Mais sur leur recours, intervint un décret du 9 novembre 1867 [1] qui annula cet arrêté et accorda l'autorisation demandée, malgré les observations du ministre de l'intérieur qui soutenait, au contraire, que l'action des communes requérantes ne pouvait être portée devant les tribunaux judiciaires. « Les deux communes, disait le ministre dans une dépêche adressée le 20 août 1867 au président de la section de législation, demandent avant tout le rétablissement de l'hospice de Maintenon, elles ne sollicitent que subsidiairement l'attribution d'une part de la dotation hospitalière ou de ses revenus. Le rétablissement de l'hospice ne peut être l'objet d'une instance civile. Les communes doivent s'adresser au ministre de l'intérieur, qui fera instruire leur requête et donnera à l'affaire la suite qu'elle comportera. Dans le cas où l'administration ne prononcerait pas le rétablissement de l'hospice, les communes auraient encore le droit *de s'adresser au ministre de l'intérieur pour deman-*

---

1. Lebon, 1867, p. 1112.

der le partage de la dotation ; ce partage ne pourrait, pas plus que le rétablissement de l'hospice, être l'objet d'une décision judiciaire. »

Munies de cette autorisation, les communes assignèrent devant le tribunal de Chartres, le maire de Maintenon, en qualité de président du bureau de bienfaisance de cette ville, en partage de la dotation de cet établissement charitable, et leur demande fut accueillie dans les termes suivants :

….Au fond : attendu que la demande est justifiée par les titres et documents de la cause ; attendu qu'il n'appartient pas au tribunal d'ordonner le rétablissement de l'ancien hôpital, que les différentes donations antérieures à la Révolution se sont confondues dans le fonds de l'hôpital du ci-devant marquisat, que, par suite, ce fonds tout entier appartient indivisément aux trois communautés qui en dépendaient en *proportion du nombre de leurs pauvres ;*
Par ces motifs, ordonne le partage annuel des revenus affectés à la dotation de l'ancien hôpital de Maintenon entre les communes de Villiers-le-Morhiers, Chartainvilliers et Maintenon, dans la proportion de leur population et de leurs pauvres : savoir $^{10}/_{15}$ à Maintenon, $^{3}/_{15}$ à Villiers-le-Morhiers, $^{2}/_{15}$ à Chartainvilliers [1].

b) Formes de partage. — Nous pourrions nous référer à ce que nous avons dit plus haut pour le partage des biens communaux affectés à un usage charitable ; les mêmes règles s'appliquent au partage des dotations des bureaux de bienfaisance. Dans l'un et l'autre cas, on suit les dispositions de l'article 7 de la loi du 18 juillet 1837, portant que le règlement est fait par l'acte qui prononce la séparation, et que, quand la séparation est prononcée par une loi, le règlement peut être renvoyé à un décret [2]. Mais nous retrouvons ici encore les mêmes dérogations ; bien rarement, le même décret qui prononce la séparation règle le partage, et, souvent encore, lorsque la séparation est prononcée par décret et que les parties sont d'accord, il n'intervient pas d'autre décret.

Ainsi, à la suite de la loi du 9 mai 1860, qui avait distrait la section de Saint-Paul-en-Jarret de la commune de la Grand'Croix (Loire), une transaction avait été préparée entre le bureau de bienfaisance de la Grand'Croix et la commune de Saint-Paul-en-Jarret ; le ministre de l'intérieur jugea qu'un décret était indispensable : « Les termes de

---

1. Jugement du tribunal de Chartres du 15 janvier 1869.
2. Voir, comme exemple, décret du 15 septembre 1862, commune de La Grand-Combe (Loire).

la loi du 9 mai 1860, dit la dépêche ministérielle[1], sont formels, et il est nécessaire qu'un décret statue sur les conditions du partage. L'accord qui est intervenu entre les deux parties ne saurait changer la compétence. Le décret pourra homologuer le projet de transaction. »

Au contraire, un simple arrêté du préfet du Nord, du 22 septembre 1863, homologue l'arrangement intervenu entre le bureau de bienfaisance de Rosendaël et les municipalités de Teteghem et de Conde-kerque-Branche à défaut des bureaux de bienfaisance, à la suite du décret du 24 mars 1860 qui avait érigé en commune distincte la section de Rosendaël.

c) Bases du partage. — Ici encore, comme pour les biens communaux affectés spécialement aux pauvres, le partage a lieu entre les deux bureaux de bienfaisance, ou entre le bureau de bienfaisance de l'ancienne commune et la nouvelle commune, à défaut de bureau de bienfaisance, proportionnellement au nombre d'habitants, calculé d'après le recensement officiel qui a précédé la séparation. Cette jurisprudence est très ancienne[2]. Le ministère de l'intérieur la motive sur ce que la loi du 17 juin 1793 a prescrit d'une manière générale le partage par têtes, et sur ce que les avis du Conseil d'État, approuvés le 20 juillet 1807 et le 26 avril 1808, qui prévoient le partage par feux, ne sont pas applicables aux biens charitables[3].

C'est à l'autorité administrative, avons-nous dit, à statuer non seulement sur le partage, mais encore sur les bases du partage.

Nous trouvons cependant une décision judiciaire réglant les bases du partage d'une dotation charitable indivise entre plusieurs bureaux de bienfaisance. L'indivision provenait, dans l'espèce, non d'une modification de circonscription, mais de dispositions testamentaires. Voici dans quelles conditions l'affaire se présentait :

La dame de Vaillé avait fait, en 1805, un legs aux pauvres des deux communes de Volgré et de Senan ; un décret du 20 juin 1812 autorisa l'acceptation de ce legs par les bureaux de bienfaisance de ces deux communes, mais ce décret qui ordonnait, conformément à la loi

---

1. Dépêche du 27 février 1862.

2. Dépêche du 13 avril 1830, commune de Cardigny (Calvados). — *Idem* du 17 juin 1859, commune de Barbâtre (Vendée), distraite de Noirmoutier. — *Idem* du 23 avril 1863, même affaire. — *Idem* du 19 février 1881, commune du Vésinet (Seine-et-Oise).

3. Dépêche du 22 novembre 1862 au préfet du Nord, commune de Rosendaël.

du 7 frimaire an V, qu'un bureau de bienfaisance serait établi dans chaque commune, n'avait pas été observé. Un arrêté du préfet de l'Yonne, en date du 7 septembre 1811, avait créé un seul bureau de bienfaisance pour les deux communes, et ce bureau avait pour président-né le maire de Senan. Cette irrégularité dura jusqu'en 1834; la commune de Volgré obtint alors un bureau de bienfaisance spécial, qui fut autorisé à intenter en justice l'action en partage contre le bureau de bienfaisance de Senan.

Sur cette action, le tribunal de Joigny rendit, le 4 mai 1843, le jugement suivant :

En ce qui touche le partage : Considérant qu'aux termes de l'article 815 du Code civil nul n'est tenu de demeurer dans l'indivision, que ce principe général s'applique aussi bien aux communautés qu'aux simples particuliers, qu'au surplus, la demande, quant à ce chef, n'est pas contestée ;

En ce qui touche la proportion et le mode suivant lequel doit s'opérer le partage :

Considérant qu'en matière d'interprétation de dispositions testamentaires, c'est surtout l'intention du testateur qu'il faut rechercher ; considérant que dans l'espèce Mme de Vaillé, en léguant indivisément des sommes d'argent aux pauvres des communes de Senan et de Volgré, n'a pas entendu comprendre dans son legs les pauvres de chacune des deux communes comme deux individualités, deux personnes morales entre lesquelles ce legs dût être partagé par moitié ; qu'elle a eu l'intention que l'argent en provenant fût réparti entre chacun de ces pauvres individuellement, de manière à ce que chacun d'eux fût gratifié également, quelle que fût la commune à laquelle il appartînt ; considérant que dès lors, et pour se conformer au vœu de la légatrice, le legs devra être réparti et divisé entre les deux communes proportionnellement au nombre des pauvres de chacune d'elles ; considérant que pour évaluer cette proportion, le nombre des feux de chaque commune n'est pas une base suffisamment exacte et sûre, parce que le nombre des pauvres peut n'être pas dans chacune dans la même proportion avec le nombre de ses habitants et que, ne s'agissant pas de partage de biens communaux entre tous les habitants, l'avis du Conseil d'État du 20 juillet 1807 n'est pas applicable ;

Considérant que sur le rôle des contribuables, chaque année ceux qui sont signalés comme indigents par l'autorité municipale et les répartiteurs, sont exemptés de la contribution personnelle et mobilière ; que dès lors, pour avoir le véritable nombre des pauvres, il suffit de faire sur ces rôles le relevé des habitants exemptés de la contribution personnelle et mobilière à raison de leur indigence dans chaque commune ; qu'en prenant ce relevé sur les rôles des dix dernières années, et en prenant la moyenne comme le chiffre de la véritable population indigente de chacune de ces deux communes, on peut espérer d'obtenir une base de répartition suffisamment exacte ;

En ce qui touche l'époque à laquelle doit remonter l'effet du partage :

Considérant qu'aux termes de la loi de l'an VII, les pauvres ne peuvent recueillir individuellement les libéralités dont ils sont l'objet, et sont à cet égard considérés comme une communauté et représentés par le bureau de bienfaisance de leur commune, et qu'en fait et pendant longtemps il n'a existé qu'un seul bureau de bienfaisance pour les deux communes de Senan et de Volgré, que tant qu'il en a été ainsi ce bureau unique a eu qualité pour toucher, administrer et répartir ainsi qu'il l'a jugé convenable le revenu du legs de Mme de Vaillé, mais que depuis qu'il a été créé un bureau particulier pour la commune de Volgré, les pauvres de cette commune ont eu un droit distinct et séparé dans ce revenu, dans la proportion de leur nombre comparé à celui des pauvres de Senan, calculé d'après les bases susénoncées ; que la composition de ce bureau, remontant à 1834, c'est à cette époque que le partage doit remonter ;

Le tribunal ordonne que les testaments faits par Mme de Vaillé en faveur des pauvres de Senan et de Volgré seront exécutés selon leurs forme et teneur ;

Ordonne que les capitaux desdits legs seront partagés entre les deux bureaux de bienfaisance de Senan et de Volgré, comme représentant lesdits pauvres, en proportion du nombre des pauvres de chacune des deux communes, calculé d'après le chiffre moyen des indigents qui ont été comme tels, exempts de la contribution personnelle et mobilière sur le rôle de chaque commune pendant les dix dernières années ; dit que l'effet du partage susénoncé remontera jusqu'à l'époque où le bureau de bienfaisance de Volgré a commencé d'exister séparément de celui de Senan, en 1834 ; qu'en conséquence, le bureau de bienfaisance de Senan sera tenu de rendre compte devant qui de droit de la portion des fruits et revenus desdits legs revenant aux pauvres de Volgré d'après la proportion susétablie depuis ladite époque de 1834, en faisant compte par ledit bureau de Volgré sur cette proportion à lui être attribuée de toutes les sommes reçues pendant ledit temps pour les pauvres de Volgré, et notamment la provision à lui précédemment allouée.

Le bureau de bienfaisance de Senan ayant interjeté appel de ce jugement devant la cour de Paris, celle-ci, par un arrêt du 23 décembre 1843, confirma la sentence des premiers juges en ce qui concerne la recevabilité de l'action en partage, mais elle a proscrit le mode de constatation adopté par les premiers juges comme erroné et pouvant conduire à des résultats diamétralement contraires à ceux qu'ils avaient en vue, et a déclaré, en fait, qu'il résultait des documents de la cause que le nombre des pauvres était le même dans chacune des deux communes, quelle que fût la différence de la population. En conséquence, elle a ordonné le partage des biens par moitié.

Cette décision judiciaire, à laquelle nous avons fait allusion plus haut, semble admettre comme règle du partage le nombre des indigents et non la population ; elle paraît aussi reconnaître aux tribunaux qualité pour déterminer les bases du partage ; mais, d'une part, le lecteur a remarqué que, devant les premiers juges, la compétence n'était pas contestée ; d'autre part, que les juges ont pu croire, d'après les faits de la cause, que l'interprétation du testament les appelait, non seulement à déterminer le droit de propriété des bureaux de bienfaisance, mais encore leur part. Nous pensons que, même dans cette hypothèse, ils auraient dû se borner à reconnaître en principe un droit égal aux deux établissements, sans effectuer eux-mêmes le partage et sans en fixer les bases ; mais cette décision, toute d'espèce, et antérieure d'ailleurs aux arrêts de cassation que nous avons cités, ne saurait prévaloir contre la doctrine que nous avons dégagée de l'ensemble de la jurisprudence.

Nous avons supposé jusqu'ici une commune divisée en deux municipalités et un partage à effectuer entre elles, mais il pourrait arriver que le décret ou la loi ait simplement détaché une section du territoire d'une commune pour la rattacher à une commune voisine. Les mêmes questions se poseraient au point de vue, soit de l'action en partage, soit des règles de ce partage. Elles devraient être résolues d'après les mêmes principes.

Mais une question nouvelle naîtrait dans ce cas spécial ; on pourrait se demander si les habitants de la commune agrandie auront droit aux biens charitables apportés par la section, et de quelle manière les secours seront distribués. La jurisprudence laisse en cette matière une grande latitude à l'administration. Celle-ci pourra donc créer, dans la section rattachée, un bureau de bienfaisance spécial auquel sera attribuée la quote-part de biens charitables qui reviendra à la section dans la liquidation[1]. Elle pourra encore, si elle trouve ce procédé plus avantageux pour les pauvres, attribuer cette part au bureau de bienfaisance de la commune à laquelle la section a été rattachée, et, à défaut de bureau de bienfaisance, à cette commune même. Ces établissements seront chargés de distribuer aux pauvres de la section, à l'exclusion de ceux de la commune à laquelle ils ont été réunis, les secours auxquels ils ont droit privativement.

---

1. Rien n'empêche, en effet, d'instituer plusieurs bureaux de bienfaisance dans une commune. (V. avis du Conseil d'État du 25 août 1835, Watteville, t. I, p. 412.)

Si l'on suppose que la commune à laquelle la section a été réunie possède des biens charitables administrés par un bureau de bienfaisance, les pauvres de la section rattachée seront-ils exclus des secours distribués par ce bureau? La question n'est pas susceptible d'une solution absolue.

En effet, les ressources des bureaux de bienfaisance ont diverses origines; elles ne se composent pas seulement des libéralités faites par donation ou autrement, qui peuvent avoir une affectation spéciale ; on y compte aussi des recettes qui se renouvellent chaque année, comme des quêtes ou des souscriptions. Il n'y aurait aucun motif de ne pas affecter cette seconde catégorie de secours aux indigents de toute la commune, sans aucune distinction entre ses diverses fractions[1].

III.

PARTAGE DES BIENS HOSPITALIERS.

La commune démembrée possédait un hospice ou un hôpital, où ses pauvres avaient droit à des lits dans un hôpital voisin, quel sera l'effet du démembrement sur ces fondations ?

S'il existait un hospice, le démembrement de la commune n'exercerait aucune influence sur la personnalité de cet établissement, qui est indépendante de celle des communes; d'autre part, les habitants de la nouvelle commune qui avaient, avant la séparation, le droit d'être reçus dans l'hospice ou dans l'hôpital, conservent cet avantage malgré la distraction de leur territoire. En conséquence, la commission administrative de l'hospice devra tenir compte des droits acquis et recevoir indistinctement les malades appartenant aux deux communes.

Mais le ministre de l'intérieur a décidé que, malgré cette jouissance commune, on ne devait pas composer la commission administrative de membres pris parmi les habitants des deux municipalités. Il a craint qu'au sein d'une commission ainsi composée de représentants d'intérêts opposés, il ne s'élevât des conflits préjudiciables au bien

---

1. V. en ce sens un avis du Conseil d'État du 24 septembre 1836, sections de Rocq et de Recquignies (Nord). — Aucoc, *Sections de communes*, p. 302.

général du service, et il a décidé que la commission instituée dans la commune, siège de l'hospice, en aurait seule l'administration [1].

Si la jouissance commune donnait lieu à des conflits, on pourrait, par analogie de l'article 6 de la loi du 18 juillet 1837, procéder au partage de l'hospice. Ce partage aurait lieu de la façon suivante : les immeubles affectés au service public seraient attribués aux pauvres de la commune démembrée, à charge d'indemniser l'autre commune. Quant aux meubles et immeubles composant la dotation de cet établissement, ils seraient partagés au *prorata* de la population des deux communes, moyennant quoi l'hospice serait totalement étranger à la nouvelle commune, qui pourrait faire usage des ressources qui lui seraient attribuées par ce partage pour fonder un hospice ou leur donner une autre destination charitable [2].

Que décider, si par suite du changement de circonscription, l'hospice de la commune démembrée se trouvait sur le territoire de la nouvelle commune ? La question a été soumise au ministre de l'intérieur qui a décidé que, malgré le changement de territoire, l'administration, comme la propriété de l'hospice, devait appartenir à l'autorité locale qui était en possession antérieurement [3]. Tout porte à croire qu'il s'agissait, dans l'espèce, d'un hospice appartenant en propre à la commune dont les limites avaient été rectifiées et sur lequel les habitants de la fraction détachée n'avaient aucun droit.

Si la commune divisée ne possédait pas d'établissement hospitalier, mais seulement une fondation de lits au profit de ses indigents dans un hospice ou dans un hôpital voisin, l'administration procédera à un partage de cette fondation entre les deux nouvelles communes. Pour opérer ce partage, on peut se placer à deux points de vue : ou décider que chacune des deux communes aura droit consécutivement à occuper les lits au fur et à mesure qu'ils seront vacants ; ou attribuer à chaque commune la propriété d'un nombre déterminé de lits au *prorata* de sa population, sauf à permettre aux communes de s'entendre pour occuper, suivant leurs besoins, les lits vacants. C'est cette dernière solution qui a été adoptée par la note ci-après de

---

1. Dépêche au préfet du Cher, 6 novembre 1841.

2. L'indemnité accordée à la section ne peut être l'objet que d'une décision de pure administration (arrêt du Conseil d'État, 25 août 1841). V. Durieu et Roche, v° *Hospice,* n° 19.

3. Dépêche du ministre de l'intérieur au garde des sceaux du 26 juillet 1841.

fa section de l'intérieur du Conseil d'État, en date du 24 novembre 1868[1] :

La section a adopté en principe le projet de décret qui règle le partage des biens charitables de l'ancienne commune de Saint-Martin-la-Plaine (Loire) entre cette commune et l'ancienne section de Saint-Joseph érigée en commune distincte par la loi du 3 juillet 1867 ; mais elle a modifié la disposition relative au partage de trois lits fondés en faveur des habitants dans l'hospice de Rive-de-Gier.

La commune de Saint-Martin offre d'abandonner l'un des trois lits, mais demande qu'on lui réserve la faculté d'en disposer toutes les fois qu'il ne serait pas occupé par un malade de Saint-Joseph.

La commune de Saint-Joseph y consent, mais à la double condition : 1° que chaque fois elle sera préalablement consultée, 2° que le lit lui sera rendu aussitôt qu'un de ses malades en aura besoin.

C'est donc à tort que le projet de décret consacrait la réserve en faveur de Saint-Martin et la déclarait consentie par Saint-Joseph sans mentionner la double condition à laquelle ce consentement était subordonné.

Il a paru à la section :

1° Qu'il ne serait pas juste d'établir un droit en faveur de Saint-Martin sans créer par réciprocité une réserve semblable en faveur de Saint-Joseph ;

2° Qu'il était à craindre qu'une rédaction trop absolue ne donnât à la commune de Saint-Martin le moyen de se maintenir indéfiniment en possession des trois lits et de rendre illusoire la réserve d'un lit au profit de la section de Saint-Joseph ;

En conséquence la section a maintenu dans le projet de décret l'attribution à Saint-Joseph d'un lit déterminé, mais elle a supprimé la mention de la réserve faite uniquement en faveur de Saint-Martin et elle y a substitué une disposition générale portant que les deux communes auraient à s'entendre pour l'occupation des lits qui deviendraient vacants.

Cet avis a été avec raison adopté par le Gouvernement[2] ; il nous semble de nature à servir de règle pour l'avenir. Il présente, en effet,

---

1. Communes de Saint-Martin-la-Plaine et Saint-Joseph (Loire), M. E. Marbeau, rapporteur.

2. Décret du 26 décembre 1868. — « Art. 1er . . . Les biens formant la dotation charitable de l'ancienne commune de Saint-Martin-la-Plaine (Loire) seront partagés entre le bureau de bienfaisance de cette dernière commune et celui de la commune de Saint-Joseph, distraite de la première par la loi du 3 juillet 1867, proportionnellement au chiffre des habitants existant dans chaque commune, savoir : 1° . . . . ; 2° sur les trois lits fondés à l'hospice de Rive-de-Gier pour les indigents de Saint-Martin-la-Plaine, deux seront entièrement réservés aux pauvres de cette dernière commune ; le troisième, celui fondé par le sieur Bertenot, sera réservé aux pauvres de Saint-Joseph, sauf aux deux communes à s'entendre pour l'occupation des lits qui deviendraient vacants. »

l'avantage, sinon d'empêcher les conflits entre les administrations municipales lorsqu'il s'agira de l'occupation des lits par les indigents, du moins d'en indiquer le nombre, en réservant à chaque commune la jouissance de lits déterminés.

IV.

S'il nous était permis de donner une conclusion à cette étude, nous demanderions que les pouvoirs publics missent à profit la préparation de la loi municipale en cours d'élaboration pour fixer législativement les règles que nous avons empruntées à la jurisprudence.

L'article 7 de la loi municipale, tel qu'il est sorti des débats de la première délibération devant la Chambre des députés, reproduit les dispositions de l'article 7 de la loi du 18 juillet 1837, et porte que les conditions des réunions ou distractions de communes sont fixées par les actes qui les prononcent ou réglées par un décret ultérieur.

Nous proposerions d'ajouter que le même décret réglera le mode de partage des biens et dotations charitables, réserve faite au profit des tribunaux de l'ordre judiciaire de toutes les questions de propriété; que ce partage aura lieu, s'il n'y a titres ou fondations contraires, proportionnellement au nombre des habitants de chaque section.

Il nous paraîtrait difficile d'entrer dans plus de détails, vu la diversité des cas qui peuvent se produire. Ce serait à l'administration à provoquer, comme elle le fait aujourd'hui, la solution qui concilie le mieux les divers intérêts en jeu. Les enquêtes et les délibérations des conseils locaux permettent à tous ces intérêts de faire entendre leur voix, et ils trouvent dans le ministre et dans le Conseil d'État des juges impartiaux et éclairés.

Nancy, imprimerie Berger-Levrault et Cⁱᵉ.

LIBRAIRIE ADMINISTRATIVE BERGER-LEVRAULT ET Cⁱᵉ

Manuel électoral. Guide pratique de l'électeur et du maire, comprenant les élections municipales, départementales, législatives, etc., par GUERLIN DE GUER, chef de division à la préfecture du Calvados. 1880. Un volume in-12 de 378 pages, broché. **3 fr. 50 c.**
Relié en percaline. . . . . **4 fr. 50 c.**
Traité de l'État civil et des actes qui s'y rattachent, annoté et commenté par Ed. BÉQUET. 1883. Volume de 1052 pages, in-8°, broché . . . . **15 fr.**
Relié en demi-chagrin . . . . **18 fr.**
Petit Dictionnaire d'administration communale, par A. SOUVIRON, chef de division à la préfecture de la Seine. 1880. 1 vol. in-12, broché, 1 fr. 50 c.; relié en percale. **2 fr.**
Guide manuel de l'officier de l'état civil. Instructions pratiques suivies d'un grand nombre de formules, par L. A. LEMPFRIT DE SAINT-VENANT, juge de paix, 1880. In-12, broché. . . . . **1 fr. 50 c.**
Le Ministère des Finances, son fonctionnement, suivi d'une étude sur l'organisation générale des autres ministères, par J. JOSAT, sous-chef de bureau au ministère des finances. Un très fort volume grand in-8° de 1,000 pages, broché. . . . . . **15 fr.**
De l'Organisation municipale de Paris sous l'ancien régime, par Paul ROBIQUET, avocat au Conseil d'État, 1882. Gr. in-8°, broché. . . . . **1 fr. 50 c.**
Comment se fait la loi, par Alfred BONSERGENT, attaché à la présidence du Sénat. — I. La Constitution. — II. Le Pouvoir exécutif. — III. Le Sénat. — IV. La Chambre des députés. — V. Le rôle éventuel des conseils généraux. — VI. La procédure parlementaire. 1881. In-12, broché . . . . **1 fr. 50 c.**
Guide pratique des candidats aux examens de l'administration centrale du ministère des finances, par J. JOSAT, sous-chef de bureau au ministère des finances. 1882. Gr. in-8°, broché. . . . . **3 fr.**
L'Impôt des prestations, par un ancien agent voyer. 1882. Gr. in-8°. . . . **1 fr. 25 c.**
Les Débits de boissons, par E. GUERLIN DE GUER, chef de division à la préfecture du Calvados. 1881. Gr. in-8°, broché. . . . . **75 c.**
De la Légalisation des signatures par les maires, par H. MORGAND, rédacteur au ministère de l'intérieur. 1881. Gr. in-8°, broché. . . . . **2 fr.**
Des Autorisations et des contrats portant concession en ce qui concerne l'éclairage au gaz dans les villes, par R. TOUTAIN, professeur de droit à la Faculté de Caen. 1882. Gr. in-8°. . . . . **1 fr.**
De l'Avenir des biens communaux en France et particulièrement dans les pays sectionnaires, par F. Juillet SAINT-LAGER, secrétaire général de préfecture. 1882. Gr. in-8° . . . . **2 fr.**
Les Cloches au point de vue séculier. Attributions des maires, par A. COLAS, secrétaire en chef de la sous-préfecture de Cambrai. 1881. Gr. in-8°, broché. . . . **75 c.**
La Loi concernant les aliénés. Mémoire adressé à la Commission chargée d'élaborer un nouveau projet de loi, par J. DE CRISENOY, ancien conseiller d'État, ancien directeur au ministère de l'intérieur. 1882. Gr. in-8°. . . . . **2 fr. 50 c.**
Les Établissements insalubres. L'industrie et l'hygiène, par E. GUERLIN DE GUER, chef de division de préfecture. 1883. Gr. in-8°. . . . . **1 fr. 50 c.**
Les Établissements d'utilité publique, par Élie DE BIRAN. 1882. Gr. in-8°. **1 fr. 75 c.**
Les Institutions nationales de sourds-muets et le ministère de l'intérieur, par Th. DENIS, sous-chef de bureau au ministère de l'intérieur. 1882. Gr. in-8°. . **1 fr.**
Libéralités charitables. Capacité des établissements ecclésiastiques et des bureaux de bienfaisance, par Léon BÉQUET, maître des requêtes au Conseil d'État. 1882. Gr.-8°, broché. . . . . **1 fr. 75 c.**
Les Indigènes algériens (israélites et musulmans) et l'impôt arabe, par Camille BAZILLE, avocat à la cour d'appel de Paris. 1882. Gr. in-8°, broché . . . . **50 c.**
La Question des grèves sous l'ancien régime. La grève de Lyon en 1744, épisode de l'histoire commerciale et industrielle de la France, par P. BONNASSIEUX, archiviste aux Archives nationales. 1882. Gr. in-8° . . . . **2 fr.**
Du Concours entre l'inscription, la transcription et la saisie en matière hypothécaire, par A. JALOUZET, conservateur des hypothèques. 1882. Gr. in-8° . . . . . . **50 c.**

Nancy, imp. Berger-Levrault et Cⁱᵉ